제자훈련 2.0 성경 암송 구절

필사노트

국제제자훈련원

머리말

"오늘 내가 네게 명하는 이 말씀을 너는 마음에 새기고"
-신명기 6:6 -

'제자훈련 2.0 성경 암송 구절'은 제자훈련 교재의 각 과에서 핵심이 되는 말씀을 2구절씩 뽑은 것입니다. 말씀을 암송하면 제자훈련 2.0 교재 매 과의 주제를 보다 명확하게 이해할 수 있으며 훈련에 더욱 집중할 수 있습니다.

이 필사 노트는 훈련생의 말씀 암송에 도움을 주고자 펴냈습니다. 말씀을 암송할 때 여러 번 읽고 소리 내어 외우는 것도 좋지만, 손으로 직접 써보면 훨씬 더 효과적이기 때문입니다. 또 이렇게 한 글자 한 글자 정성껏 적은 말씀은 귀중한 영적 자산이 되어 훈련을 마친 뒤에도 우리에게 제자의 사명을 일깨워줄 것입니다.

성경 필사를 통해서 말씀을 가슴에 새기고 거룩한 습관을 길러 주님의 온전한 제자로 성장하기를 바랍니다.

활용법

이 필사 노트는 아래의 3단계로 구성되었습니다.

1권 1과 ① 왜 온전한 제자인가

에베소서 4:13
우리가 다 하나님의 아들을 믿는 것과 아는 일에 하나가 되어 온전한 사람을 이루어 그리스도의 장성한 분량이 충만한 데까지 이르리니

에베소서 4:13

❶단계 **묵상** 말씀을 소리 내어 여러 번 읽으며 묵상합니다.

우리가 다 하나님의 아들을 믿는 것과
아는 일에 하나가 되어 온전한 사람을 이루어
그리스도의 장성한 분량이
충만한 데까지 이르리니

❷단계 **암송** 주어진 글자를 따라 말씀을 적고 소리 내어 읽으며 암송합니다.

❸단계 **각인** 암송한 말씀을 빈칸에 5회 이상 적으며 마음에 새깁니다.

6 제자훈련 2.0 성경 암송 구절 필사노트

제자훈련 1권

온전한 제자의 기초

'반석 위에 집을 지은 지혜로운 사람'처럼 인생의 풍파 속에서도 흔들리지 않는 온전한 제자가 되기 위한 기초를 다져주는 말씀

1권 1과 ① 왜 온전한 제자인가

에베소서 4:13
우리가 다 하나님의 아들을 믿는 것과 아는 일에 하나가 되어 온전한 사람을 이루어 그리스도의 장성한 분량이 충만한 데까지 이르리니

에베소서 4:13

우리가 다 하나님의 아들을 믿는 것과
아는 일에 하나가 되어 온전한 사람을 이루어
그리스도의 장성한 분량이
충만한 데까지 이르리니

1권 1과 ② 왜 온전한 제자인가

스가랴 4:6b
만군의 여호와께서 말씀하시되 이는 힘으로 되지 아니하며 능력으로 되지 아니하고 오직 나의 영으로 되느니라

스가랴 4:6b

만군의 여호와께서 말씀하시되
이는 힘으로 되지 아니하며
능력으로 되지 아니하고
오직 나의 영으로 되느니라

1권 2과 ① 온전함에 이르는 길, 십자가

갈라디아서 6:14
그러나 내게는 우리 주 예수 그리스도의 십자가 외에 결코 자랑할 것이 없으니 그리스도로 말미암아 세상이 나를 대하여 십자가에 못 박히고 내가 또한 세상을 대하여 그러하니라

갈라디아서 6:14

그러나 내게는 우리 주 예수 그리스도의
십자가 외에 결코 자랑할 것이 없으니
그리스도로 말미암아 세상이 나를 대하여
십자가에 못 박히고 내가 또한 세상을 대하여
그러하니라

1권 2과 ② 온전함에 이르는 길, 십자가

마가복음 10:45

인자가 온 것은 섬김을 받으려 함이 아니라 도리어 섬기려 하고 자기 목숨을 많은 사람의 대속물로 주려 함이니라

마가복음 10:45

인자가 온 것은 섬김을 받으려 함이 아니라
도리어 섬기려 하고 자기 목숨을
많은 사람의 대속물로 주려 함이니라

1권 **3과 ① 성경은 영혼의 양식**

마태복음 4:4
예수께서 대답하여 이르시되 기록되었으되 사람이 떡으로만 살 것이 아니요 하나님의 입으로부터 나오는 모든 말씀으로 살 것이라 하였느니라 하시니

마태복음 4:4

예수께서 대답하여 이르시되 기록되었으되
사람이 떡으로만 살 것이 아니요
하나님의 입으로부터 나오는 모든 말씀으로
살 것이라 하였느니라 하시니

1권 3과 ② 성경은 영혼의 양식

여호수아 1:8
이 율법책을 네 입에서 떠나지 말게 하며 주야로 그것을 묵상하여 그 안에 기록된 대로 다 지켜 행하라 그리하면 네 길이 평탄하게 될 것이며 네가 형통하리라

여호수아 1:8

이 율법책을 네 입에서 떠나지 말게 하며
주야로 그것을 묵상하여 그 안에 기록된 대로
다 지켜 행하라 그리하면 네 길이 평탄하게
될 것이며 네가 형통하리라

1권 4과 ① 기도는 영혼의 호흡

마태복음 6:33
그런즉 너희는 먼저 그의 나라와 그의 의를 구하라 그리하면 이 모든 것을 너희에게 더하시리라

마태복음 6:33

그런즉 너희는 먼저 그의 나라와
그의 의를 구하라 그리하면 이 모든 것을
너희에게 더하시리라

1권 4과 ② 기도는 영혼의 호흡

빌립보서 4:6-7

아무 것도 염려하지 말고 다만 모든 일에 기도와 간구로, 너희 구할 것을 감사함으로 하나님께 아뢰라 그리하면 모든 지각에 뛰어난 하나님의 평강이 그리스도 예수 안에서 너희 마음과 생각을 지키시리라

빌립보서 4:6-7

아무 것도 염려하지 말고 다만 모든 일에
기도와 간구로, 너희 구할 것을 감사함으로
하나님께 아뢰라 그리하면 모든 지각에 뛰어난
하나님의 평강이 그리스도 예수 안에서
너희 마음과 생각을 지키시리라

제자훈련 2권

온전한 제자의 교리

예수님의 온전한 제자로 살아가는 데 기둥과 같은 역할을 하는 성경 교리를 정리해주는 말씀

2권 1과 ① 성경이란 무엇인가

디모데후서 3:16
모든 성경은 하나님의 감동으로 된 것으로 교훈과 책망과 바르게 함과 의로 교육하기에 유익하니

디모데후서 3:16

모든 성경은 하나님의 감동으로 된 것으로
교훈과 책망과 바르게 함과 의로 교육하기에
유익하니

2권 1과 ② 성경이란 무엇인가

베드로후서 1:21
예언은 언제든지 사람의 뜻으로 낸 것이 아니요 오직 성령의 감동하심을 받은 사람들이 하나님께 받아 말한 것임이라

베드로후서 1:21

예언은 언제든지 사람의 뜻으로 낸 것이 아니요
오직 성령의 감동하심을 받은 사람들이
하나님께 받아 말한 것임이라

2권 2과 ① 하나님은 누구신가

이사야 43:1

야곱아 너를 창조하신 여호와께서 지금 말씀하시느니라 이스라엘아 너를 지으신 이가 말씀하시느니라 너는 두려워하지 말라 내가 너를 구속하였고 내가 너를 지명하여 불렀나니 너는 내 것이라

이사야 43:1

야곱아 너를 창조하신 여호와께서
지금 말씀하시느니라
이스라엘아 너를 지으신 이가 말씀하시느니라
너는 두려워하지 말라 내가 너를 구속하였고
내가 너를 지명하여 불렀나니 너는 내 것이라

2권 2과 ② 하나님은 누구신가

역대상 29:11

여호와여 위대하심과 권능과 영광과 승리와 위엄이 다 주께 속하였사오니 천지에 있는 것이 다 주의 것이로소이다 여호와여 주권도 주께 속하였사오니 주는 높으사 만물의 머리이심이니이다

역대상 29:11

여호와여 위대하심과 권능과 영광과 승리와
위엄이 다 주께 속하였사오니
천지에 있는 것이 다 주의 것이로소이다
여호와여 주권도 주께 속하였사오니
주는 높으사 만물의 머리이심이니이다

2권 3과 ① 성경이 말하는 인간 이해

로마서 3:23
모든 사람이 죄를 범하였으매 하나님의 영광에 이르지 못하더니

로마서 3:23

모든 사람이 죄를 범하였으매
하나님의 영광에 이르지 못하더니

2권 3과 ② 성경이 말하는 인간 이해

고린도후서 5:17
그런즉 누구든지 그리스도 안에 있으면 새로운 피조물이라 이전 것은 지나갔으니 보라 새 것이 되었도다

고린도후서 5:17

그런즉 누구든지 그리스도 안에 있으면
새로운 피조물이라 이전 것은 지나갔으니
보라 새 것이 되었도다

2권 4과 ① 유일한 구원자 예수 그리스도

로마서 4:25
예수는 우리가 범죄한 것 때문에 내줌이 되고 또한 우리를 의롭다 하시기 위하여 살아나셨느니라

로마서 4:25

예수는 우리가 범죄한 것 때문에 내줌이 되고
또한 우리를 의롭다 하시기 위하여
살아나셨느니라

2권 4과 ② 유일한 구원자 예수 그리스도

요한계시록 3:20
볼지어다 내가 문 밖에 서서 두드리노니 누구든지 내 음성을 듣고 문을 열면 내가 그에게로 들어가 그와 더불어 먹고 그는 나와 더불어 먹으리라

요한계시록 3:20

볼지어다 내가 문 밖에 서서 두드리노니
누구든지 내 음성을 듣고 문을 열면
내가 그에게로 들어가 그와 더불어 먹고
그는 나와 더불어 먹으리라

2권 5과 ① 가장 위대한 선물, 구원

에베소서 2:8-9

너희는 그 은혜에 의하여 믿음으로 말미암아 구원을 받았으니 이것은 너희에게서 난 것이 아니요 하나님의 선물이라 행위에서 난 것이 아니니 이는 누구든지 자랑하지 못하게 함이라

에베소서 2:8-9

너희는 그 은혜에 의하여 믿음으로 말미암아
구원을 받았으니 이것은 너희에게서 난 것이
아니요 하나님의 선물이라
행위에서 난 것이 아니니
이는 누구든지 자랑하지 못하게 함이라

2권 5과 ② 가장 위대한 선물, 구원

디도서 3:5

우리를 구원하시되 우리가 행한 바 의로운 행위로 말미암지 아니하고 오직 그의 긍휼하심을 따라 중생의 씻음과 성령의 새롭게 하심으로 하셨나니

디도서 3:5

우리를 구원하시되 우리가 행한 바
의로운 행위로 말미암지 아니하고
오직 그의 긍휼하심을 따라 중생의 씻음과
성령의 새롭게 하심으로 하셨나니

2권 6과 ① 성령 하나님

고린도전서 3:16
너희는 너희가 하나님의 성전인 것과 하나님의 성령이 너희 안에 계시는 것을 알지 못하느냐

고린도전서 3:16

너희는 너희가 하나님의 성전인 것과
하나님의 성령이 너희 안에 계시는 것을
알지 못하느냐

2권 6과 ② 성령 하나님

갈라디아서 5:22-23

오직 성령의 열매는 사랑과 희락과 화평과 오래 참음과 자비와 양선과 충성과 온유와 절제니 이같은 것을 금지할 법이 없느니라

갈라디아서 5:22-23

오직 성령의 열매는 사랑과 희락과 화평과
오래 참음과 자비와 양선과 충성과 온유와 절제니
이같은 것을 금지할 법이 없느니라

2권 7과 ① 종말론 이해

마태복음 24:14
이 천국 복음이 모든 민족에게 증언되기 위하여 온 세상에 전파되리니
그제야 끝이 오리라

마태복음 24:14

이 천국 복음이 모든 민족에게 증언되기 위하여
온 세상에 전파되리니 그제야 끝이 오리라

2권 7과 ② 종말론 이해

히브리서 2:18
그가 시험을 받아 고난을 당하셨은즉 시험 받는 자들을 능히 도우실 수 있느니라

히브리서 2:18

그가 시험을 받아 고난을 당하셨은즉
시험 받는 자들을 능히 도우실 수 있느니라

2권 8과 ① 사람에게는 진심으로, 하나님께는 전심으로

로마서 5:8
우리가 아직 죄인 되었을 때에 그리스도께서 우리를 위하여 죽으심으로 하나님께서 우리에 대한 자기의 사랑을 확증하셨느니라

로마서 5:8

우리가 아직 죄인 되었을 때에
그리스도께서 우리를 위하여 죽으심으로
하나님께서 우리에 대한 자기의 사랑을
확증하셨느니라

2권 8과 ② 사람에게는 진심으로, 하나님께는 전심으로

요한복음 13:34-35
새 계명을 너희에게 주노니 서로 사랑하라 내가 너희를 사랑한 것 같이 너희도 서로 사랑하라 너희가 서로 사랑하면 이로써 모든 사람이 너희가 내 제자인 줄 알리라

요한복음 13:34-35

새 계명을 너희에게 주노니 서로 사랑하라
내가 너희를 사랑한 것 같이 너희도
서로 사랑하라 너희가 서로 사랑하면
이로써 모든 사람이 너희가 내 제자인 줄 알리라

제자훈련 3권

온전한 제자의 삶

예수님의 온전한 제자가 갖추어야 할 균형잡힌 신앙 인격과 삶,
그리고 사역의 열매를 맺게 하는 말씀

3권 1과 ① 보냄 받은 제자

마태복음 4:19
말씀하시되 나를 따라오라 내가 너희를 사람을 낚는 어부가 되게 하리라 하시니

마태복음 4:19

말씀하시되 나를 따라오라 내가 너희를
사람을 낚는 어부가 되게 하리라 하시니

3권 1과 ② 보냄 받은 제자

요한복음 20:21
예수께서 또 이르시되 너희에게 평강이 있을지어다 아버지께서 나를 보내신 것 같이 나도 너희를 보내노라

요한복음 20:21

예수께서 또 이르시되 너희에게 평강이
있을지어다 아버지께서 나를 보내신 것 같이
나도 너희를 보내노라

3권 2과 ① 제자의 온전한 생각 : 세계관

로마서 11:36
이는 만물이 주에게서 나오고 주로 말미암고 주에게로 돌아감이라 그에게 영광이 세세에 있을지어다 아멘

로마서 11:36

이는 만물이 주에게서 나오고 주로 말미암고
주에게로 돌아감이라 그에게 영광이
세세에 있을지어다 아멘

3권 2과 ② 제자의 온전한 생각 : 세계관

에베소서 4:22-24

너희는 유혹의 욕심을 따라 썩어져 가는 구습을 따르는 옛 사람을 벗어 버리고 오직 너희의 심령이 새롭게 되어 하나님을 따라 의와 진리의 거룩함으로 지으심을 받은 새 사람을 입으라

에베소서 4:22-24

너희는 유혹의 욕심을 따라 썩어져 가는 구습을
따르는 옛 사람을 벗어 버리고
오직 너희의 심령이 새롭게 되어 하나님을 따라
의와 진리의 거룩함으로 지으심을 받은
새 사람을 입으라

3권 3과 ① 제자의 온전한 감정

창세기 50:20
당신들은 나를 해하려 하였으나 하나님은 그것을 선으로 바꾸사 오늘과 같이 많은 백성의 생명을 구원하게 하시려 하셨나니

창세기 50:20

당신들은 나를 해하려 하였으나
하나님은 그것을 선으로 바꾸사 오늘과 같이
많은 백성의 생명을 구원하게 하시려 하셨나니

3권 3과 ② 제자의 온전한 감정

에베소서 4:32
서로 친절하게 하며 불쌍히 여기며 서로 용서하기를 하나님이 그리스도 안에서 너희를 용서하심과 같이 하라

에베소서 4:32

서로 친절하게 하며 불쌍히 여기며
서로 용서하기를 하나님이 그리스도 안에서
너희를 용서하심과 같이 하라

3권 4과 ① 제자의 온전한 관계

요한1서 3:18
자녀들아 우리가 말과 혀로만 사랑하지 말고 행함과 진실함으로 하자

요한1서 3:18

자녀들아 우리가 말과 혀로만 사랑하지 말고
행함과 진실함으로 하자

3권 4과 ② 제자의 온전한 관계

야고보서 2:17
이와 같이 행함이 없는 믿음은 그 자체가 죽은 것이라

야고보서 2:17

이와 같이 행함이 없는 믿음은
그 자체가 죽은 것이라

3권 5과 ① 제자의 온전한 행실 1 : 언어 생활

잠언 4:23

모든 지킬 만한 것 중에 더욱 네 마음을 지키라 생명의 근원이 이에서 남이니라

잠언 4:23

모든 지킬 만한 것 중에 더욱 네 마음을 지키라
생명의 근원이 이에서 남이니라

3권 **5과 ②** 제자의 온전한 행실 1 : 언어 생활

에베소서 4:29
무릇 더러운 말은 너희 입 밖에도 내지 말고 오직 덕을 세우는 데 소용되는 대로 선한 말을 하여 듣는 자들에게 은혜를 끼치게 하라

에베소서 4:29

무릇 더러운 말은 너희 입 밖에도 내지 말고
오직 덕을 세우는 데 소용되는 대로 선한 말을 하여
듣는 자들에게 은혜를 끼치게 하라

3권 6과 ① 제자의 온전한 행실 2 : 돈과 재물

마태복음 6:24
한 사람이 두 주인을 섬기지 못할 것이니 혹 이를 미워하고 저를 사랑하거나 혹 이를 중히 여기고 저를 경히 여김이라 너희가 하나님과 재물을 겸하여 섬기지 못하느니라

마태복음 6:24

한 사람이 두 주인을 섬기지 못할 것이니
혹 이를 미워하고 저를 사랑하거나
혹 이를 중히 여기고 저를 경히 여김이라
너희가 하나님과 재물을 겸하여 섬기지 못하느니라

3권 6과 ② 제자의 온전한 행실 2 : 돈과 재물

빌립보서 4:11
내가 궁핍하므로 말하는 것이 아니니라 어떠한 형편에든지 나는 자족하기를 배웠노니

빌립보서 4:11

내가 궁핍하므로 말하는 것이 아니니라
어떠한 형편에든지 나는 자족하기를 배웠노니

3권 7과 ① 제자의 온전한 예배

요한복음 4:24

하나님은 영이시니 예배하는 자가 영과 진리로 예배할지니라

요한복음 4:24

하나님은 영이시니 예배하는 자가
영과 진리로 예배할지니라

3권 7과 ② 제자의 온전한 예배

로마서 12:1

그러므로 형제들아 내가 하나님의 모든 자비하심으로 너희를 권하노니 너희 몸을 하나님이 기뻐하시는 거룩한 산 제물로 드리라 이는 너희가 드릴 영적 예배니라

로마서 12:1

그러므로 형제들아 내가 하나님의 모든 자비하심으
로 너희를 권하노니 너희 몸을
하나님이 기뻐하시는 거룩한 산 제물로 드리라
이는 너희가 드릴 영적 예배니라

3권 8과 ① 제자의 온전한 가정 1

창세기 2:18
여호와 하나님이 이르시되 사람이 혼자 사는 것이 좋지 아니하니 내가 그를 위하여 돕는 배필을 지으리라 하시니라

창세기 2:18

여호와 하나님이 이르시되
사람이 혼자 사는 것이 좋지 아니하니
내가 그를 위하여 돕는 배필을 지으리라 하시니라

3권 8과 ② 제자의 온전한 가정 1

에베소서 5:21
그리스도를 경외함으로 피차 복종하라

에베소서 5:21

그리스도를 경외함으로 피차 복종하라

3권 **9과 ① 제자의 온전한 가정 2 : 신앙 계승**

히브리서 11:6
믿음이 없이는 하나님을 기쁘시게 하지 못하나니 하나님께 나아가는 자는 반드시 그가 계신 것과 또한 그가 자기를 찾는 자들에게 상 주시는 이심을 믿어야 할지니라

히브리서 11:6

믿음이 없이는 하나님을 기쁘시게 하지 못하나니
하나님께 나아가는 자는 반드시 그가 계신 것과
또한 그가 자기를 찾는 자들에게 상 주시는
이심을 믿어야 할지니라

3권 | 9과 ② 제자의 온전한 가정 2 : 신앙 계승

히브리서 12:2
믿음의 주요 또 온전하게 하시는 이인 예수를 바라보자 그는 그 앞에 있는 기쁨을 위하여 십자가를 참으사 부끄러움을 개의치 아니하시더니 하나님 보좌 우편에 앉으셨느니라

히브리서 12:2

믿음의 주요 또 온전하게 하시는 이인 예수를
바라보자 그는 그 앞에 있는 기쁨을 위하여
십자가를 참으사 부끄러움을 개의치 아니하시더니
하나님 보좌 우편에 앉으셨느니라

3권 10과 ① 제자의 온전한 일과 일터

창세기 1:28

하나님이 그들에게 복을 주시며 하나님이 그들에게 이르시되 생육하고 번성하여 땅에 충만하라, 땅을 정복하라, 바다의 물고기와 하늘의 새와 땅에 움직이는 모든 생물을 다스리라 하시니라

창세기 1:28

하나님이 그들에게 복을 주시며 하나님이 그들에게
이르시되 생육하고 번성하여 땅에 충만하라,
땅을 정복하라, 바다의 물고기와 하늘의 새와 땅에
움직이는 모든 생물을 다스리라 하시니라

3권 **10과 ② 제자의 온전한 일과 일터**

마태복음 5:16
이같이 너희 빛이 사람 앞에 비치게 하여 그들로 너희 착한 행실을 보고 하늘에 계신 너희 아버지께 영광을 돌리게 하라

마태복음 5:16

이같이 너희 빛이 사람 앞에 비치게 하여 그들로 너희 착한 행실을 보고 하늘에 계신 너희 아버지께 영광을 돌리게 하라

3권 11과 ① 제자의 온전한 선교

사도행전 1:8

오직 성령이 너희에게 임하시면 너희가 권능을 받고 예루살렘과 온 유대와 사마리아와 땅 끝까지 이르러 내 증인이 되리라 하시니라

사도행전 1:8

오직 성령이 너희에게 임하시면
너희가 권능을 받고 예루살렘과 온 유대와
사마리아와 땅 끝까지 이르러
내 증인이 되리라 하시니라

3권 | 11과 ② 제자의 온전한 선교

디모데후서 4:2
너는 말씀을 전파하라 때를 얻든지 못 얻든지 항상 힘쓰라 범사에 오래 참음과 가르침으로 경책하며 경계하며 권하라

디모데후서 4:2

너는 말씀을 전파하라 때를 얻든지 못 얻든지
항상 힘쓰라 범사에 오래 참음과 가르침으로
경책하며 경계하며 권하라

3권 **12과 ①** 십자가를 지는 유일한 길, 자기부인

골로새서 1:28
우리가 그를 전파하여 각 사람을 권하고 모든 지혜로 각 사람을 가르침은 각 사람을 그리스도 안에서 완전한 자로 세우려 함이니

골로새서 1:28

우리가 그를 전파하여 각 사람을 권하고
모든 지혜로 각 사람을 가르침은 각 사람을
그리스도 안에서 완전한 자로 세우려 함이니

3권 12과 ② 십자가를 지는 유일한 길, 자기부인

고린도후서 10:5
하나님 아는 것을 대적하여 높아진 것을 다 무너뜨리고 모든 생각을 사로잡아 그리스도에게 복종하게 하니

고린도후서 10:5

하나님 아는 것을 대적하여 높아진 것을
다 무너뜨리고 모든 생각을 사로잡아
그리스도에게 복종하게 하니

부록

제자훈련 2.0 성경 암송 구절(48구절)

왜 온전한 제자인가

에베소서 4:13

우리가 다 하나님의 아들을 믿는 것과 아는 일에 하나가 되어 온전한 사람을 이루어 그리스도의 장성한 분량이 충만한 데까지 이르리니

에베소서 4:13

1권 1과 ①

왜 온전한 제자인가

스가랴 4:6b

만군의 여호와께서 말씀하시되 이는 힘으로 되지 아니하며 능력으로 되지 아니하고 오직 나의 영으로 되느니라

스가랴 4:6b

1권 1과 ②

온전함에 이르는 길, 십자가

갈라디아서 6:14

그러나 내게는 우리 주 예수 그리스도의 십자가 외에 결코 자랑할 것이 없으니 그리스도로 말미암아 세상이 나를 대하여 십자가에 못 박히고 내가 또한 세상을 대하여 그러하니라

갈라디아서 6:14

1권 2과 ①

온전함에 이르는 길, 십자가

마가복음 10:45

인자가 온 것은 섬김을 받으려 함이 아니라 도리어 섬기려 하고 자기 목숨을 많은 사람의 대속물로 주려 함이니라

마가복음 10:45

1권 2과 ②

성경은 영혼의 양식

마태복음 4:4

예수께서 대답하여 이르시되 기록되었으되 사람이 떡으로만 살 것이 아니요 하나님의 입으로부터 나오는 모든 말씀으로 살 것이라 하였느니라 하시니

마태복음 4:4

1권 3과 ①

성경은 영혼의 양식

여호수아 1:8

이 율법책을 네 입에서 떠나지 말게 하며 주야로 그것을 묵상하여 그 안에 기록된 대로 다 지켜 행하라 그리하면 네 길이 평탄하게 될 것이며 네가 형통하리라

여호수아 1:8

1권 3과 ②

기도는 영혼의 호흡

마태복음 6:33

그런즉 너희는 먼저 그의 나라와 그의 의를 구하라 그리하면 이 모든 것을 너희에게 더하시리라

마태복음 6:33

1권 4과 ①

기도는 영혼의 호흡

빌립보서 4:6-7

아무 것도 염려하지 말고 다만 모든 일에 기도와 간구로, 너희 구할 것을 감사함으로 하나님께 아뢰라 그리하면 모든 지각에 뛰어난 하나님의 평강이 그리스도 예수 안에서 너희 마음과 생각을 지키시리라

빌립보서 4:6-7

1권 4과 ②

성경이란 무엇인가

디모데후서 3:16

모든 성경은 하나님의 감동으로 된 것으로 교훈과 책망과 바르게 함과 의로 교육하기에 유익하니

디모데후서 3:16

2권 1과 ①

성경이란 무엇인가

베드로후서 1:21

예언은 언제든지 사람의 뜻으로 낸 것이 아니요 오직 성령의 감동하심을 받은 사람들이 하나님께 받아 말한 것임이라

베드로후서 1:21

2권 1과 ②

하나님은 누구신가

이사야 43:1

야곱아 너를 창조하신 여호와께서 지금 말씀하시느니라 이스라엘아 너를 지으신 이가 말씀하시느니라 너는 두려워하지 말라 내가 너를 구속하였고 내가 너를 지명하여 불렀나니 너는 내 것이라

이사야 43:1

2권 2과 ①

하나님은 누구신가

역대상 29:11

여호와여 위대하심과 권능과 영광과 승리와 위엄이 다 주께 속하였사오니 천지에 있는 것이 다 주의 것이로소이다 여호와여 주권도 주께 속하였사오니 주는 높으사 만물의 머리이심이니이다

역대상 29:11

2권 2과 ②

성경이 말하는 인간 이해

로마서 3:23

모든 사람이 죄를 범하였으매 하나님의 영광에 이르지 못하더니

로마서 3:23

2권 3과 ①

성경이 말하는 인간 이해

고린도후서 5:17

그런즉 누구든지 그리스도 안에 있으면 새로운 피조물이라 이전 것은 지나갔으니 보라 새 것이 되었도다

고린도후서 5:17

2권 3과 ②

유일한 구원자 예수 그리스도

로마서 4:25

예수는 우리가 범죄한 것 때문에 내줌이 되고 또한 우리를 의롭다 하시기 위하여 살아나셨느니라

로마서 4:25

2권 4과 ①

유일한 구원자 예수 그리스도

요한계시록 3:20

볼지어다 내가 문 밖에 서서 두드리노니 누구든지 내 음성을 듣고 문을 열면 내가 그에게로 들어가 그와 더불어 먹고 그는 나와 더불어 먹으리라

요한계시록 3:20

2권 4과 ②

가장 위대한 선물, 구원

에베소서 2:8-9

너희는 그 은혜에 의하여 믿음으로 말미암아 구원을 받았으니 이것은 너희에게서 난 것이 아니요 하나님의 선물이라 행위에서 난 것이 아니니 이는 누구든지 자랑하지 못하게 함이라

에베소서 2:8-9

2권 5과 ①

가장 위대한 선물, 구원

디도서 3:5

우리를 구원하시되 우리가 행한 바 의로운 행위로 말미암지 아니하고 오직 그의 긍휼하심을 따라 중생의 씻음과 성령의 새롭게 하심으로 하셨나니

디도서 3:5

2권 5과 ②

성령 하나님

고린도전서 3:16

너희는 너희가 하나님의 성전인 것과 하나님의 성령이 너희 안에 계시는 것을 알지 못하느냐

고린도전서 3:16

2권 6과 ①

성령 하나님

갈라디아서 5:22-23

오직 성령의 열매는 사랑과 희락과 화평과 오래 참음과 자비와 양선과 충성과 온유와 절제니 이같은 것을 금지할 법이 없느니라

갈라디아서 5:22-23

2권 6과 ②

종말론 이해

마태복음 24:14

이 천국 복음이 모든 민족에게 증언되기 위하여 온 세상에 전파되리니 그제야 끝이 오리라

마태복음 24:14

2권 7과 ①

종말론 이해

히브리서 2:18

그가 시험을 받아 고난을 당하셨은즉 시험 받는 자들을 능히 도우실 수 있느니라

히브리서 2:18

2권 7과 ②

사람에게는 진심으로, 하나님께는 전심으로

로마서 5:8

우리가 아직 죄인 되었을 때에 그리스도께서 우리를 위하여 죽으심으로 하나님께서 우리에 대한 자기의 사랑을 확증하셨느니라

로마서 5:8

2권 8과 ①

사람에게는 진심으로, 하나님께는 전심으로

요한복음 13:34-35

새 계명을 너희에게 주노니 서로 사랑하라 내가 너희를 사랑한 것 같이 너희도 서로 사랑하라 너희가 서로 사랑하면 이로써 모든 사람이 너희가 내 제자인 줄 알리라

요한복음 13:34-35

2권 8과 ②

보냄 받은 제자

마태복음 4:19

말씀하시되 나를 따라오라 내가 너희를 사람을 낚는 어부가 되게 하리라 하시니

마태복음 4:19

3권 1과 ①

보냄 받은 제자

요한복음 20:21

예수께서 또 이르시되 너희에게 평강이 있을지어다 아버지께서 나를 보내신 것 같이 나도 너희를 보내노라

요한복음 20:21

3권 1과 ②

제자의 온전한 생각 : 세계관

로마서 11:36

이는 만물이 주에게서 나오고 주로 말미암고 주에게로 돌아감이라 그에게 영광이 세세에 있을지어다 아멘

로마서 11:36

3권 2과 ①

제자의 온전한 생각 : 세계관

에베소서 4:22-24

너희는 유혹의 욕심을 따라 썩어져 가는 구습을 따르는 옛 사람을 벗어 버리고 오직 너희의 심령이 새롭게 되어 하나님을 따라 의와 진리의 거룩함으로 지으심을 받은 새 사람을 입으라

에베소서 4:22-24

3권 2과 ②

제자의 온전한 감정

창세기 50:20

당신들은 나를 해하려 하였으나 하나님은 그것을 선으로 바꾸사 오늘과 같이 많은 백성의 생명을 구원하게 하시려 하셨나니

창세기 50:20

3권 3과 ①

제자의 온전한 감정

에베소서 4:32

서로 친절하게 하며 불쌍히 여기며 서로 용서하기를 하나님이 그리스도 안에서 너희를 용서하심과 같이 하라

에베소서 4:32

3권 3과 ②

제자의 온전한 관계

요한1서 3:18

자녀들아 우리가 말과 혀로만 사랑하지 말고 행함과 진실함으로 하자

요한1서 3:18

3권 4과 ①

제자의 온전한 관계

야고보서 2:17

이와 같이 행함이 없는 믿음은 그 자체가 죽은 것이라

야고보서 2:17

3권 4과 ②

제자의 온전한 행실 1 : 언어 생활

잠언 4:23

모든 지킬 만한 것 중에 더욱 네 마음을 지키라 생명의 근원이 이에서 남이니라

잠언 4:23

3권 5과 ①

제자의 온전한 행실 1 : 언어 생활

에베소서 4:29

무릇 더러운 말은 너희 입 밖에도 내지 말고 오직 덕을 세우는 데 소용되는 대로 선한 말을 하여 듣는 자들에게 은혜를 끼치게 하라

에베소서 4:29

3권 5과 ②

제자의 온전한 행실 2 : 돈과 재물

마태복음 6:24

한 사람이 두 주인을 섬기지 못할 것이니 혹 이를 미워하고 저를 사랑하거나 혹 이를 중히 여기고 저를 경히 여김이라 너희가 하나님과 재물을 겸하여 섬기지 못하느니라

마태복음 6:24

3권 6과 ①

제자의 온전한 행실 2 : 돈과 재물

빌립보서 4:11

내가 궁핍하므로 말하는 것이 아니니라 어떠한 형편에든지 나는 자족하기를 배웠노니

빌립보서 4:11

3권 6과 ②

제자의 온전한 예배

요한복음 4:24

하나님은 영이시니 예배하는 자가 영과 진리로 예배할지니라

요한복음 4:24

3권 7과 ①

제자의 온전한 예배

로마서 12:1

그러므로 형제들아 내가 하나님의 모든 자비하심으로 너희를 권하노니 너희 몸을 하나님이 기뻐하시는 거룩한 산 제물로 드리라 이는 너희가 드릴 영적 예배니라

로마서 12:1

3권 7과 ②

제자의 온전한 가정 1

창세기 2:18

여호와 하나님이 이르시되 사람이 혼자 사는 것이 좋지 아니하니 내가 그를 위하여 돕는 배필을 지으리라 하시니라

창세기 2:18

3권 8과 ①

제자의 온전한 가정 1

에베소서 5:21

그리스도를 경외함으로 피차 복종하라

에베소서 5:21

3권 8과 ②

제자의 온전한 가정 2 : 신앙 계승

히브리서 11:6

믿음이 없이는 하나님을 기쁘시게 하지 못하나니 하나님께 나아가는 자는 반드시 그가 계신 것과 또한 그가 자기를 찾는 자들에게 상 주시는 이심을 믿어야 할지니라

히브리서 11:6

3권 9과 ①

제자의 온전한 가정 2 : 신앙 계승

히브리서 12:2

믿음의 주요 또 온전하게 하시는 이인 예수를 바라보자 그는 그 앞에 있는 기쁨을 위하여 십자가를 참으사 부끄러움을 개의치 아니하시더니 하나님 보좌 우편에 앉으셨느니라

히브리서 12:2

3권 9과 ②

제자의 온전한 일과 일터

창세기 1:28

하나님이 그들에게 복을 주시며 하나님이 그들에게 이르시되 생육하고 번성하여 땅에 충만하라, 땅을 정복하라, 바다의 물고기와 하늘의 새와 땅에 움직이는 모든 생물을 다스리라 하시니라

창세기 1:28

3권 10과 ①

제자의 온전한 일과 일터

마태복음 5:16

이같이 너희 빛이 사람 앞에 비치게 하여 그들로 너희 착한 행실을 보고 하늘에 계신 너희 아버지께 영광을 돌리게 하라

마태복음 5:16

3권 10과 ②

제자의 온전한 선교

사도행전 1:8

오직 성령이 너희에게 임하시면 너희가 권능을 받고 예루살렘과 온 유대와 사마리아와 땅 끝까지 이르러 내 증인이 되리라 하시니라

사도행전 1:8

3권 11과 ①

제자의 온전한 선교

디모데후서 4:2

너는 말씀을 전파하라 때를 얻든지 못 얻든지 항상 힘쓰라 범사에 오래 참음과 가르침으로 경책하며 경계하며 권하라

디모데후서 4:2

3권 11과 ②

십자가를 지는 유일한 길, 자기부인

골로새서 1:28

우리가 그를 전파하여 각 사람을 권하고 모든 지혜로 각 사람을 가르침은 각 사람을 그리스도 안에서 완전한 자로 세우려 함이니

골로새서 1:28

3권 12과 ①

십자가를 지는 유일한 길, 자기부인

고린도후서 10:5

하나님 아는 것을 대적하여 높아진 것을 다 무너뜨리고 모든 생각을 사로잡아 그리스도에게 복종하게 하니

고린도후서 10:5

3권 12과 ②